Impressum
Verlag: BABADADA GmbH, Nedderfeld 112 , 22529 Hamburg
Geschäftsführer / Verlagsleitung: Harald Hof
Druck: Books on Demand GmbH, In de Tarpen 42, 22848 Norderstedt

Imprint
Publisher: BABADADA GmbH, Nedderfeld 112 , 22529 Hamburg, Germany
Managing Director / Publishing direction: Harald Hof
Print: Books on Demand GmbH, In de Tarpen 42, 22848 Norderstedt, Germany

škola

de School

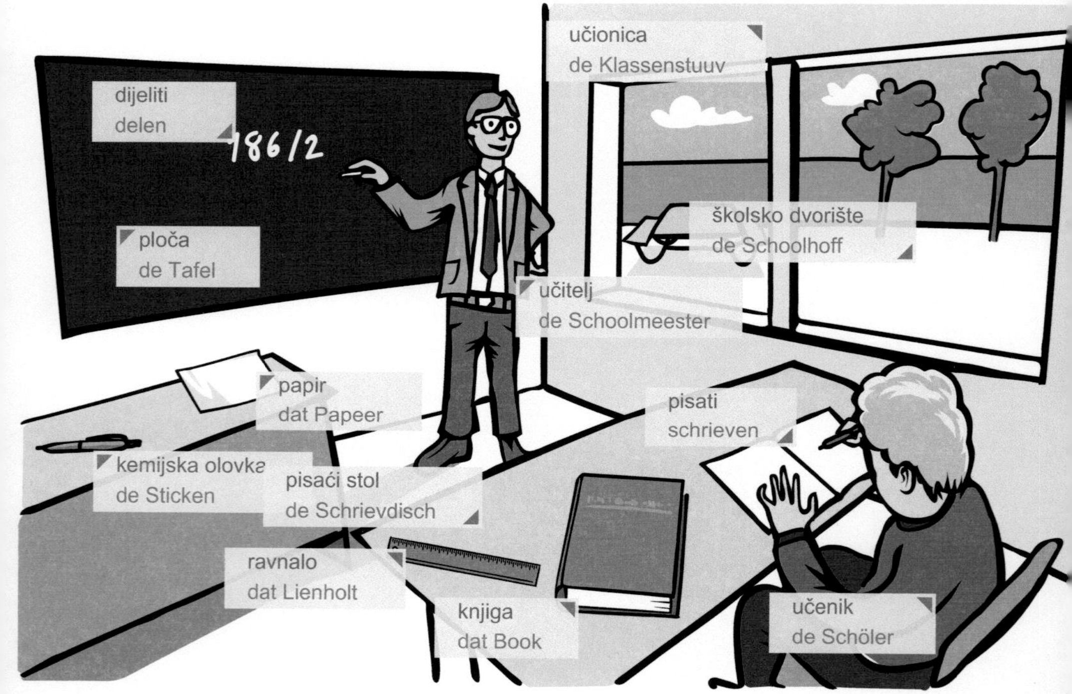

učionica
de Klassenstuuv
dijeliti
delen
186/2
ploča
de Tafel
školsko dvorište
de Schoolhoff
učitelj
de Schoolmeester
papir
dat Papeer
pisati
schrieven
kemijska olovka
de Sticken
pisaći stol
de Schrievdisch
ravnalo
dat Lienholt
knjiga
dat Book
učenik
de Schöler

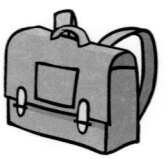

torba

de Ranzel

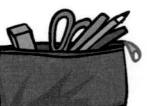

pernica

de Feddermapp

grafitna olovka

de Bleesticken

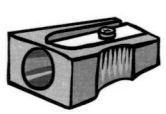

šiljilo za olovke

de Scharpmaker

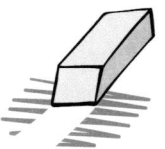

gumica za brisanje

dat Radeergummi

blok za crtanje

de Tekenblock

crtež

de Teken

kist

de Pinsel

kutija s bojama

de Malkassen

makaze

de Scheer

ljepilo

de Klever

bilježnica

dat Heft to'n Öven

domaći zadatak

de Huusopgaav

broj

de Tall

sabirati

tohooptellen

oduzimati

aftrecken

množiti

malnehmen

računati

reken

slovo

de Bookstaav

abeceda

dat ABC

riječ

dat Woort

tekst

de Text

čitati

lesen

kreda

de Kried

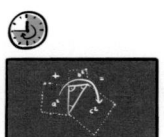

sat

de Stunn

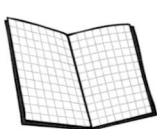

dnevnik

dat Klassenbook

ispit

de Pröven

svjedodžba

dat Tüügnis

školska uniforma

de Schooluniform

obrazovanje

de Utbillen

leksikon

dat Nakieksel

sveučilište

de Universität

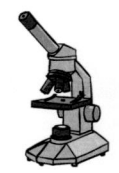

mikroskop

dat Mikroskop

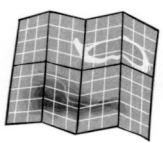

karta

de Koort

košara za papir

de Papeerkorf

putovanje
de Törn

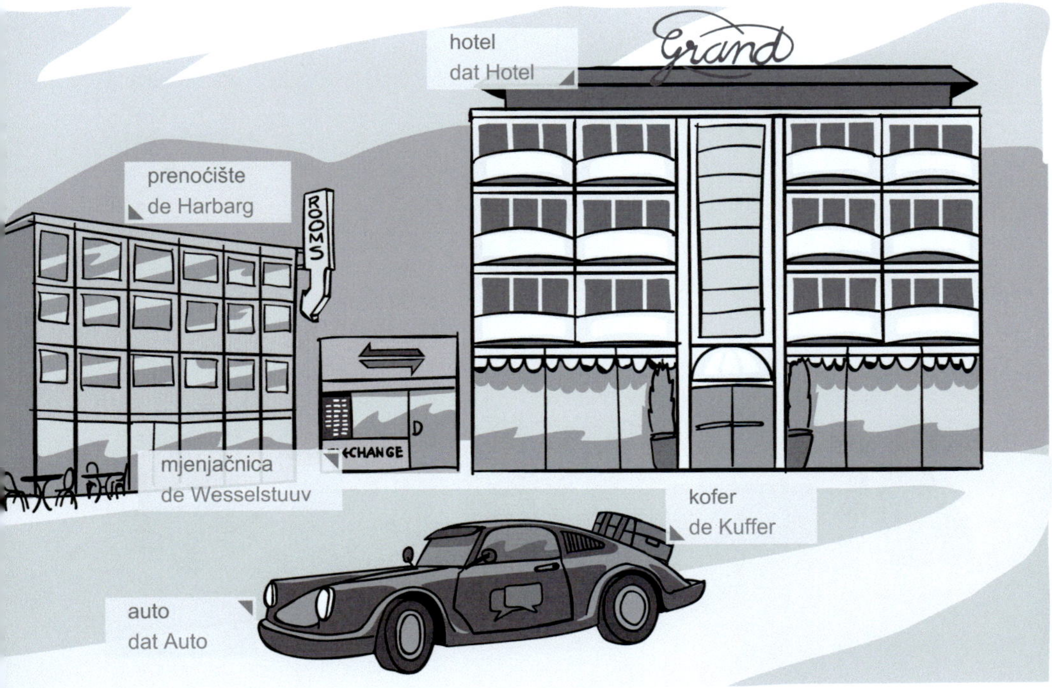

hotel
dat Hotel
Grand
prenoćište
de Harbarg
ROOMS
mjenjačnica
de Wesselstuuv
EXCHANGE
kofer
de Kuffer
auto
dat Auto

jezik
de Spraak

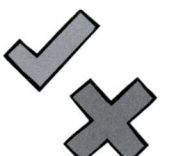

da / ne
jo / ne

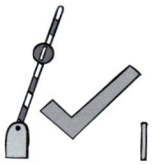

okay
Jo

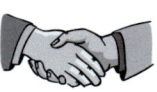

zdravo
Moin

prevoditelj
de Översetter

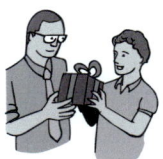

hvala
Dank ok

Koliko košta...?

Wat kost…?

ne razumijem

Ik verstah nich

problem

dat Problem

dobro veče!

Goden Avend

Dobro jutro!

Moin!

Laku noć!

Gode Nacht!

doviđenja

Tschüüs

smjer

de Richt

prtljaga

de Bagaasch

torba

de Tasch

ruksak

de Rüchsack

gost

de Gast

soba

de Stuuv

vreća za spavanje

de Slaapsack

šator

dat Telt

turističke informacije

e Touristeninformatschoon

plaža

de Strand

kreditna kartica

de Kreditkoort

doručak

dat Fröhstück

ručak

dat Meddageten

večera

dat Avendeten

karta za vožnju

de Fohrkort

dizalo

de Fohrstohl

poštanska markica

de Breefmark

granica

de Grenz

carina

de Toll

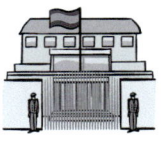

ambasada

de Bottschop

viza

dat Visum

putovnica

de Pass

transport

de Transport

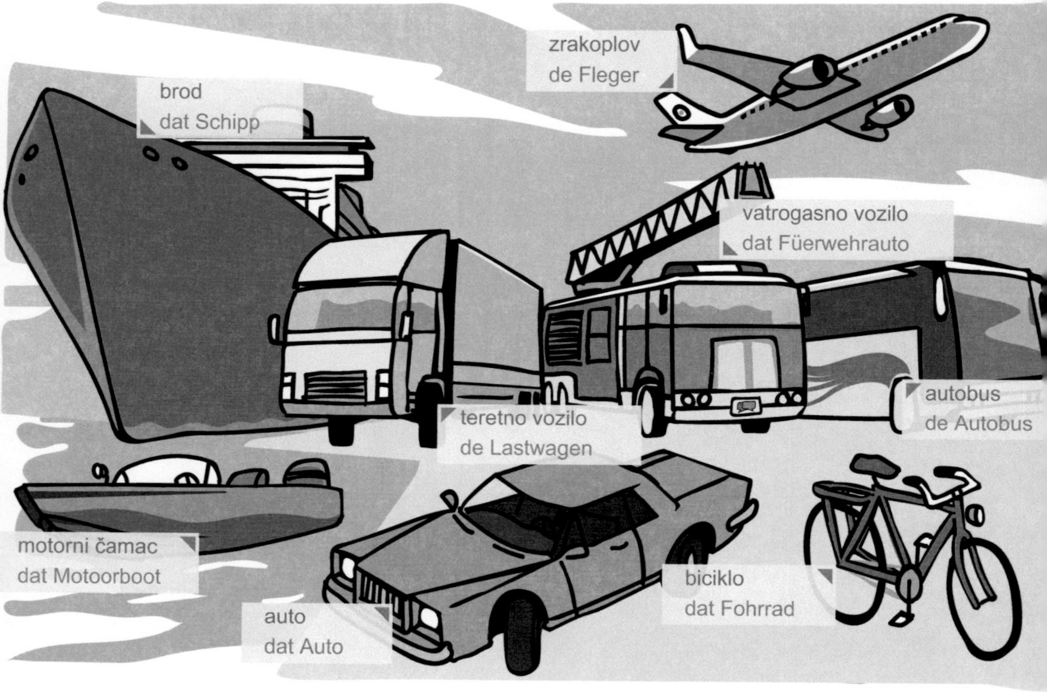

zrakoplov
de Fleger
brod
dat Schipp
vatrogasno vozilo
dat Füerwehrauto
teretno vozilo
de Lastwagen
autobus
de Autobus
motorni čamac
dat Motoorboot
auto
dat Auto
biciklo
dat Fohrrad

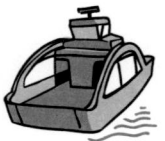

trajekt

de Fähr

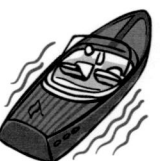

čamac

dat Boot

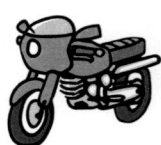

motocikl

dat Motoorrad

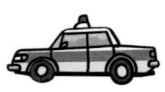

policijski auto

dat Polizeiauto

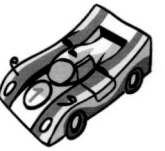

trkaći auto

dat Rönnauto

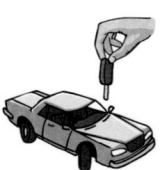

iznajmljeno auto

de Lehnwagen

dijeljenje automobila

dat Carsharing

vučno vozilo

de Afsleepwagen

vozilo za odvoz smeća

dat Müllauto

motor

de Motoor

benzin

de Kraftstoff

benzinska postaja

de Tanksteed

prometni znak

dat Verkehrsschild

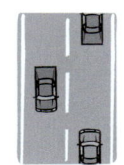

promet

de Verkehr

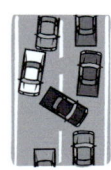

zastoj

de Stau

parkiralište

de Afstellplatz

kolodvor

de Bahnhoff

šine

de Sporen

vlak

de Tog

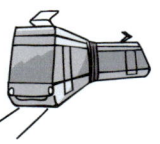

tramvaj

de Stratenbahn

vagon

de Wagon

helikopter

de Dwarsmöhl

zrakoplovna luka

de Flooghaven

toranj

de Tower

putnik

de Fohrgast

kontejner

de Grootkist

karton

de Karton

kolica

de Koor

košara

de Korf

uzletjeti / sletjeti

starten / lannen

grad

de Stadt

selo

dat Dörp

centar grada

de Binnenstadt

kuća

dat Huus

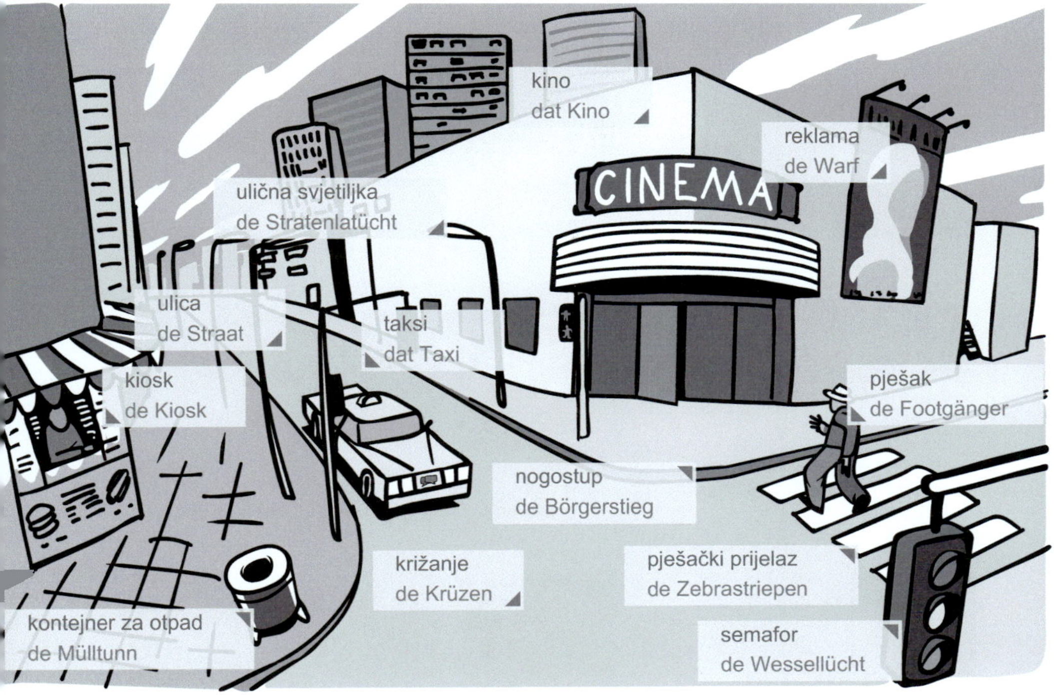

kino
dat Kino
reklama
de Warf
CINEMA
ulična svjetiljka
de Stratenlatücht
ulica
de Straat
taksi
dat Taxi
kiosk
de Kiosk
pješak
de Footgänger
nogostup
de Börgerstieg
križanje
de Krüzen
pješački prijelaz
de Zebrastriepen
kontejner za otpad
de Mülltunn
semafor
de Wessellücht

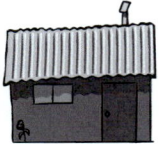

koliba

de Hütt

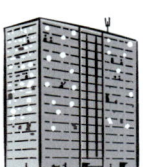

stan

de Wahnung

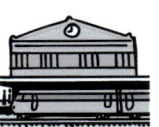

kolodvor

de Bahnhoff

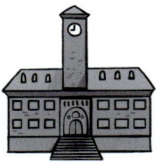

vijećnica

dat Raathuus

MUSEUM

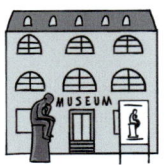

muzej

dat Museum

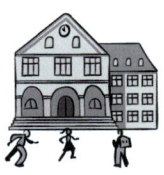

škola

de School

sveučilište

de Universität

banka

de Bank

bolnica

dat Krankenhuus

hotel

dat Hotel

ljekarna

de Afteek

ured

dat Büro

knjižara

de Bookhökerie

prodavaonica

de Hökerie

cvjećara

de Blomenhökerie

supermarket

de Supermarkt

trg

de Markt

robna kuća

dat Koophuus

ribarnica

de Fischhökerie

trgovački centar

dat Inkoopszentrum

luka

de Haven

grad - de Stadt

park

de Parkanlaag

klupa

de Bank

most

de Brüch

stepenice

de Trepp

podzemna željeznica

de Ünnergrundbahn

tunel

de Tunnel

autobusna stanica

de Busstoppsteed

bar

de Bar

restoran

dat Spieslokal

poštansko sanduče

de Breefkassen

ulični znak

dat Stratenschild

parkirni sat

de Parkklock

zoološki vrt

de Deertenpark

bazen

de Baadanstalt

džamija

de Moschee

seosko gazdinstvo

de Buernhoff

zagađenje okoliša

de Ümweltversmudden

groblje

de Karkhoff

crkva

de Kark

igralište

de Speelplatz

hram

de Tempel

krajolik
de Landschop

list
dat Blatt

putokaz
de Wiespahl

put
de Weg

livada
de Wisch

kamen
de Steen

drvo
de Boom

šetač
de Wannerer

rijeka
de Fluss

trava
dat Gras

cvijet
de Bloom

dolina

dat Daal

planina

de Barg

jezero

de See

šuma

dat Holt

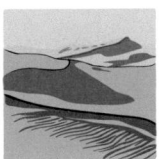

pustinja

de Wööst

vulkan

de Füerspien Barg

dvorac

dat Slott

duga

de Regenbagen

gljiva

de Poggenstohl

palma

de Palm

moskito

de Steekmück

muha

de Fleeg

mrav

de Miegeemk

pčela

de Imm

pauk

de Spinn

buba

de Sebber

žaba

de Pogg

vjeverica

de Katteker

jež

de Swienegel

zec

de Haas

sova

de Uul

ptica

de Vagel

labud

de Swaan

divlja svinja

dat Wildswien

jelen

de Hirsch

los

de Elk

nasip

de Staudamm

vjetrenjača

dat Windrad

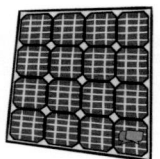

solarna ploča

dat Solarmodul

klima

dat Klima

restoran
dat Spieslokal

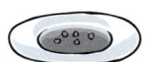

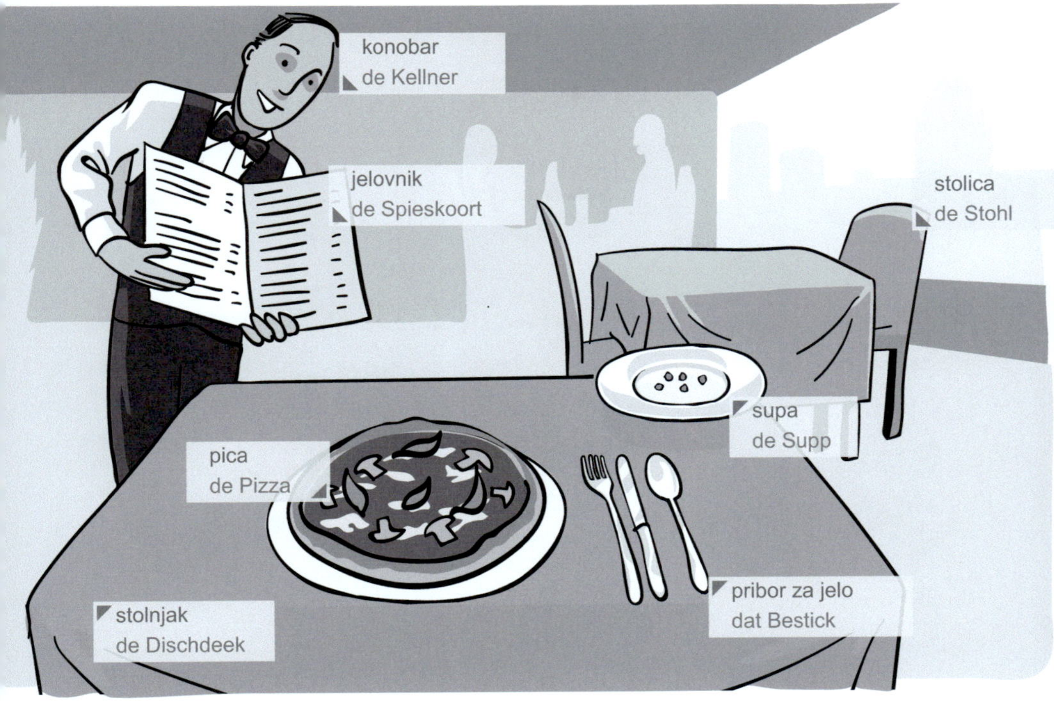

konobar
de Kellner
jelovnik
de Spieskoort
stolica
de Stohl
supa
de Supp
pica
de Pizza
pribor za jelo
dat Bestick
stolnjak
de Dischdeek

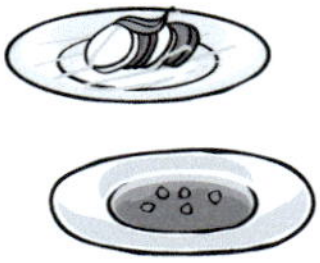

predjelo

de Vörspies

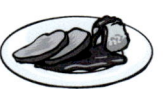

glavno jelo

dat Haupteten

desert

de Nadisch

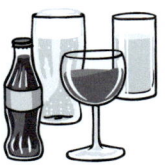

napitci

de Drünk

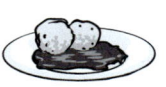

jelo

dat Eten

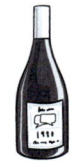

boca

de Buddel

fastfood

dat Fastfood

imbis hrana

dat Strateneten

čajnik

de Teekann

doza za šećer

de Zuckerdoos

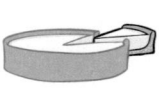

porcija

de Portschoon

aparat za espresso

de Espressomaschien

visoka stolica

de Hoochstohl

račun

de Reken

pladanj

dat Tablett

nož

dat Mess

vilica

de Gavel

žlica

de Lepel

čajna žlica

de Teelepel

ubrus

dat Munddook

čaša

dat Glas

restoran - dat Spieslokal

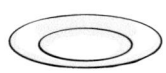

tanjur

de Töller

tanjur za supu

de Suppentöller

tanjurić

de Ünnertass

sos

de Sooß

soljenka

de Soltstreuer

mlin za biber

de Pepermöhl

ocat

de Etig

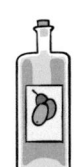

ulje

dat Ööl

začini

de Krüder

kečap

de Ketchup

senf

de Mostrich

majoneza

de Mayonnaise

supermarket

de Supermarkt

ponuda
dat Anbott
FOR
kupac
de Kunn
mliječni proizvodi
de Melkprodukten
voće
dat Aaft
kolica za kupnju
de Inkoopswagen

BUTCHERS

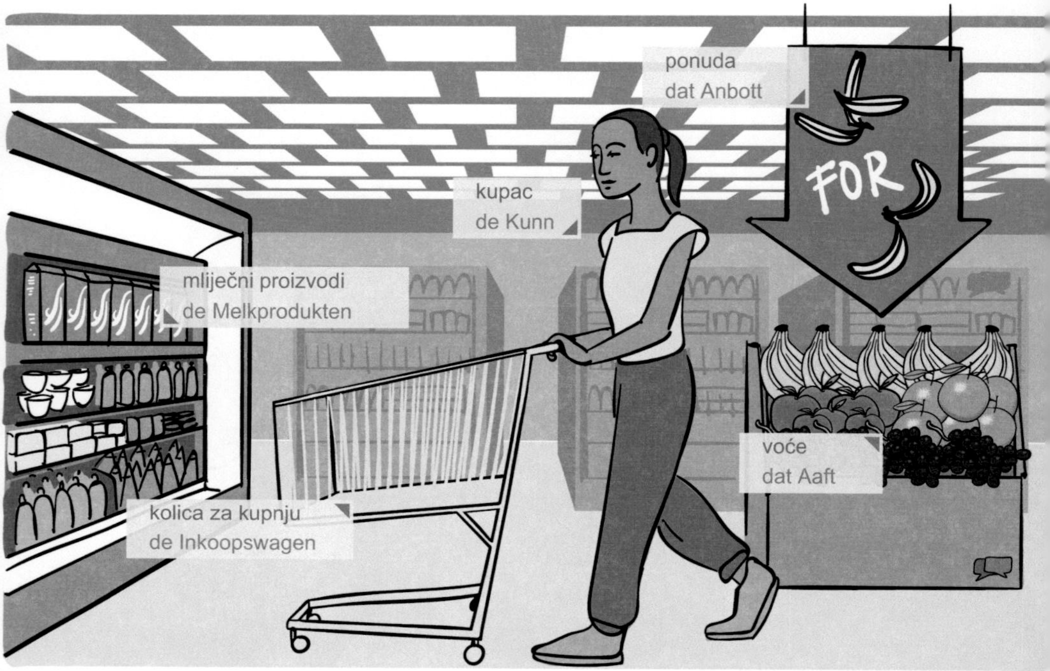

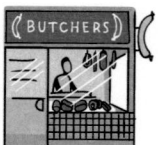

mesnica

de Slachterie

BAKERY

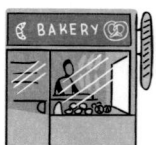

pekarnica

de Bäckerie

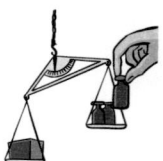

vagati

wegen

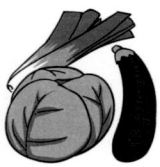

povrće

de Gröönsaken

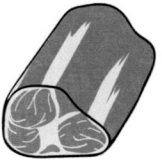

meso

dat Fleesch

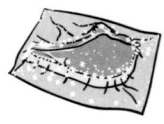

duboko smrznuta hrana

de Deepköhlkost

narezak

de Opsnitt

konzerve

de Konserven

sredstvo za pranje

de Waschmiddel

slatkiši

de Snoopkraam

artikli za domaćinstvo

de Huushooltssaken

sredstva za čišćenje

de Reinmaaktüüch

prodavačica

de Verköpersche

blagajna

de Kass

blagajnik

de Kasserer

lista za kupnju

de Inkoopslist

vrijeme rada

de Opsparrtieden

novčanik

de Breeftasch

kreditna kartica

de Kreditkoort

torba

de Tasch

plastična vrećica

de Plastiktüüt

voda

dat Water

sok

de Saft

mlijeko

de Melk

cola

de Cola

vino

de Wien

pivo

dat Beer

alkohol

de Spriet

kakao

de Kakao

čaj

de Tee

kava

de Koffie

espresso

de Espresso

cappuccino

de Cappucino

banana

de Banaan

jabuka

de Appel

naranča

de Appelsien

lubenica

de Meloon

limun

de Zitroon

mrkva

de Wöttel

češnjak

de Knuuvlook

bambus

de Bambus

luk

de Zibbel

gljiva

de Poggenstohl

orašasti plodovi

de Nööt

rezanci

de Nudeln

špagete

de Spaghetti

riža

de Ries

salata

de Salat

pomfrit

de Pommes frites

pečeni krumpir

de Braadkantüffeln

pica

de Pizza

hamburger

de Hamborger

sendvič

dat Sandwich

šnicla

dat Snitzel

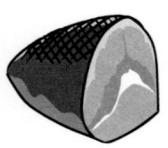

pršut

de Schinken

salama

de Salami

kobasica

de Wust

kokoš

dat Hohn

pečenje

de Braden

riba

de Fisch

zobene pahuljice

de Haverflocken

musli

dat Müsli

kukuruzne pahuljice

de Cornflakes

brašno

dat Mehl

roščić

de Croissant

pecivo

dat Rundstück

kruh

dat Broot

toast

dat Toast

keksi

de Keksen

maslac

de Botter

svježi sir

de Quark

kolač

de Koken

jaje

dat Ei

jaje na oko

dat Spegelei

sir

de Kees

sladoled

de Ies

šećer

de Zucker

med

de Honnig

marmelada

de Marmelaad

nugat krema

de Nougat-Creme

curry

dat Curry

seosko gazdinstvo
de Buernhoff

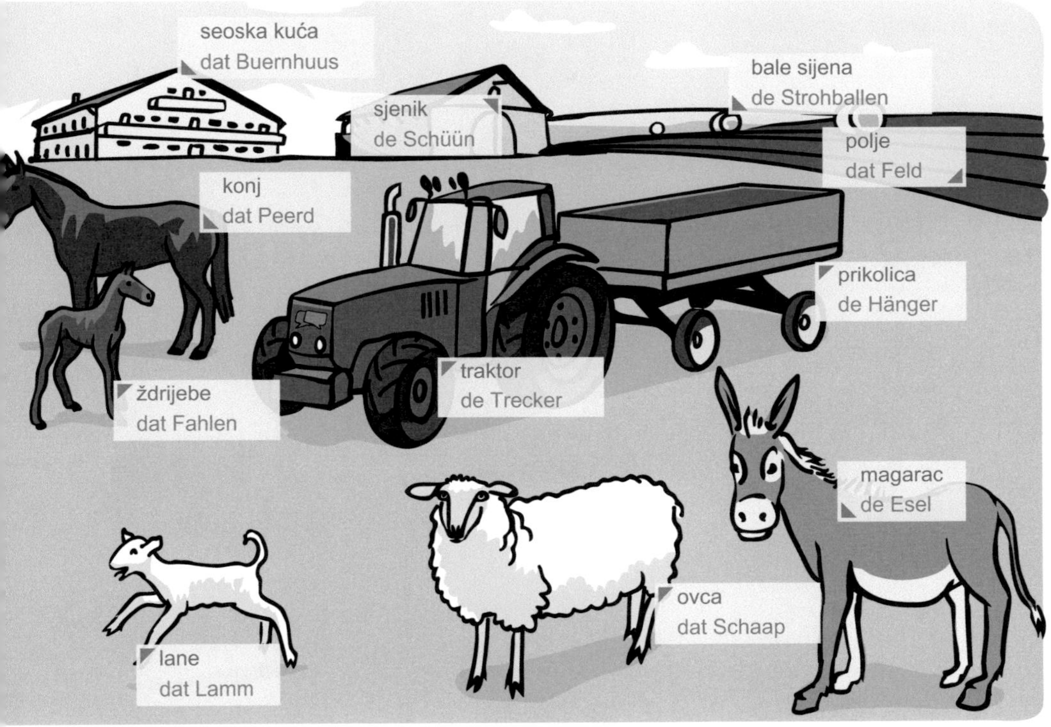
seoska kuća
dat Buernhuus
sjenik
de Schüün
bale sijena
de Strohballen
polje
dat Feld
konj
dat Peerd
prikolica
de Hänger
traktor
de Trecker
ždrijebe
dat Fahlen
magarac
de Esel
ovca
dat Schaap
lane
dat Lamm

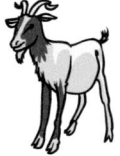

koza
de Zeeg

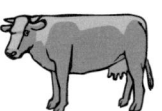

krava
de Koh

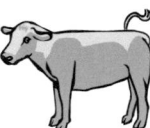

tele
dat Kalf

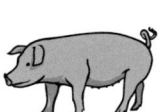

svinja
dat Swien

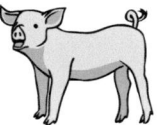

prase
dat Farken

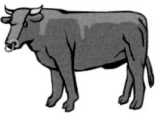

bik
de Bull

guska

de Goos

patka

de Aant

pilići

dat Küken

kokoš

dat Hohn

pijetao

de Hahn

pacov

de Rott

mačka

de Katt

miš

de Muus

vol

de Oss

pas

de Hund

kućica za psa

de Hunnenhütt

vrtno crijevo

de Goornslauch

kanta za polijevanje

de Geetkann

kosa

de Lee

plug

de Ploog

srp

de Sich

motika

de Hack

vilica za gnojivo

de Mestfork

sjekira

de Ext

tačke

de Schuufkoor

korito

de Trog

posuda za mlijeko

de Melkkann

vreća

de Sack

ograda

de Tuun

štala

de Stall

staklenik

dat Drievhuus

zemlja

de Bodden

sjeme

de Saat

gnojivo

de Dünger

kombajn

de Meihdöscher

žanjati

oornen

žetva

de Oorn

yams začin

de Yamswöttel

pšenica

de Weten

soja

dat Soja

krumpir

de Kantüffel

kukuruz

de Törksche Weten

uljana repica

de Rapp

voćka

de Aaftboom

gomolj manioke

de Troopsch Kantüffel

žitarice

dat Koorn

kuća
dat Huus

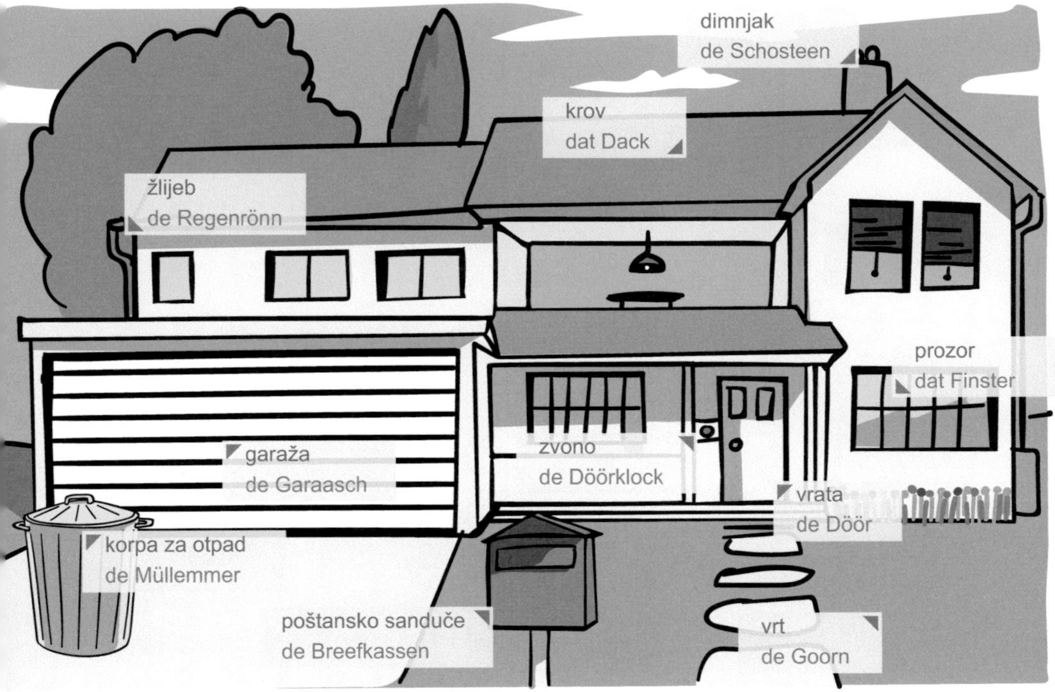
dimnjak
de Schosteen
krov
dat Dack
žlijeb
de Regenrönn
prozor
dat Finster
zvono
de Döörklock
garaža
de Garaasch
vrata
de Döör
korpa za otpad
de Müllemmer
poštansko sanduče
de Breefkassen
vrt
de Goorn

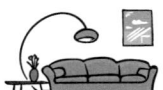

dnevna soba

de Wahnstuuv

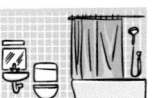

kupaonica

de Baadstuuv

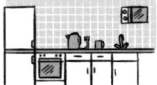

kuhinja

de Köök

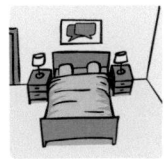

spavaća soba

de Slaapstuuv

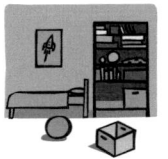

dječija soba

de Kinnerstuuv

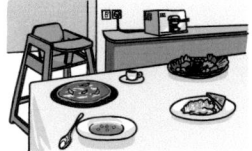

trpezarija

de Eetstuuv

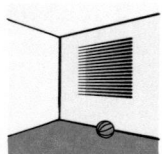

pod

de Footbodden

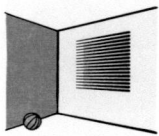

zid

de Wand

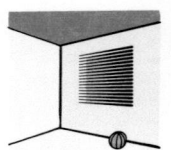

strop

de Deek

podrum

de Keller

sauna

dat Hittluftbad

balkon

de Balkon

terasa

de Terrass

bazen

dat Swümmbad

kosilica za travu

de Rasenmeiher

posteljina za krevet

de Bettbetog

deka za krevet

de Bettdeek

krevet

de Puuch

metla

de Bessen

kanta

de Emmer

sklopka

de Schalter

dnevna soba
de Wahnstuuv

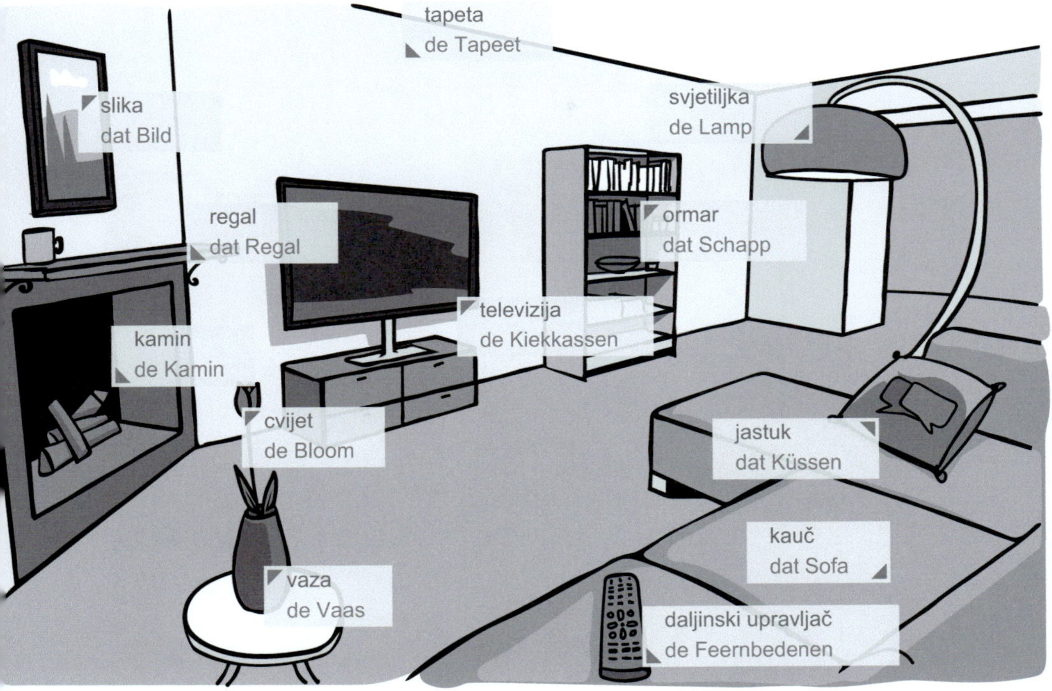
tapeta
de Tapeet
slika
dat Bild
svjetiljka
de Lamp
regal
dat Regal
ormar
dat Schapp
televizija
de Kiekkassen
kamin
de Kamin
cvijet
de Bloom
jastuk
dat Küssen
kauč
dat Sofa
vaza
de Vaas
daljinski upravljač
de Feernbedenen

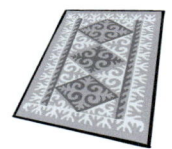

tepih
de Teppich

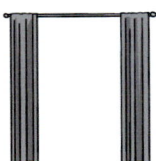

zavjesa
de Vörhang

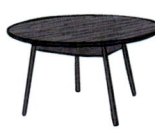

stol
de Disch

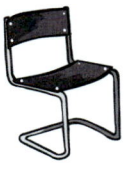

stolica
de Stohl

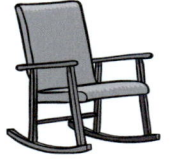

stolica za njihanje
de Schuckelstohl

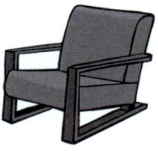

fotelja
de Sessel

knjiga

dat Book

deka

de Deek

dekoracija

de Dekoratschoon

drvo za ogrjev

dat Füerholt

film

de Film

stereo uređaj

de Stereoanlaag

ključ

de Slötel

novine

dat Narichtenblatt

slika na platnu

dat Gemälde

poster

dat Poster

radio

dat Radio

blok za pisanje

de Opschrievblock

usisavač

de Huulbessen

kaktus

de Kaktus

svijeća

de Kars

kuhinja
de Köök

hladnjak
dat Köhlschapp
mikrovalna pećnica
de Mikrowell
kuhinjska vaga
de Kökenwaag
toaster
de Toaster
sredstvo za čišćenje
dat Reinmaakmiddel
pećnica
de Backaven
pretinac za zamrzavanje
dat Gefreerfack
korpa za otpad
de Müllemmer
perilica za suđe
de Opwaschmaschien

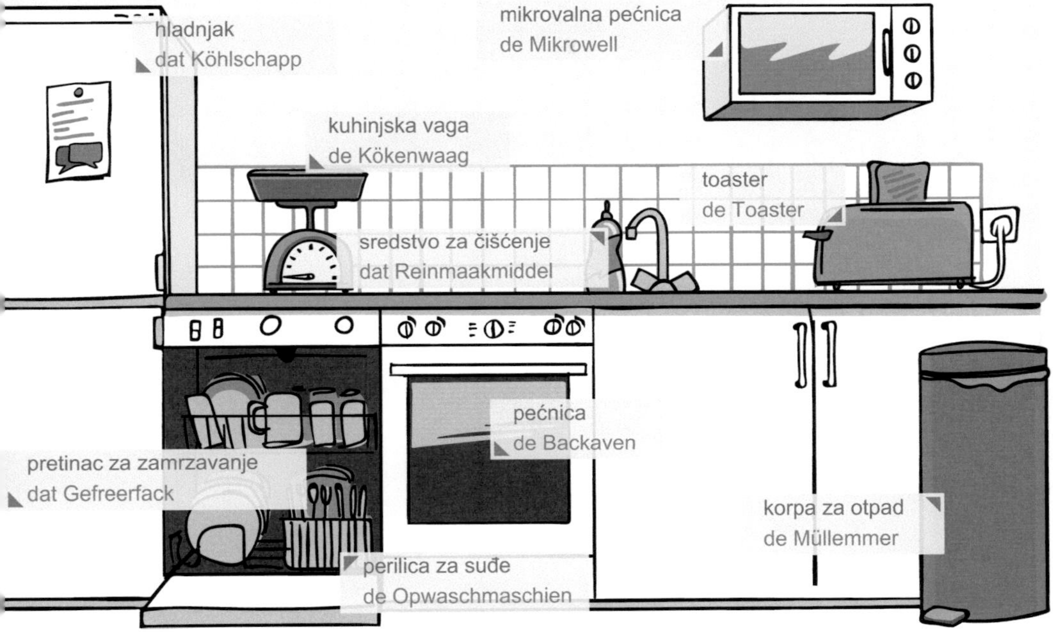

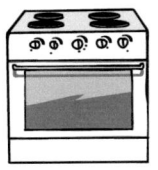

štednjak

de Heerd

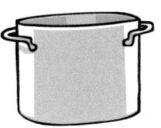

lonac

de Pott

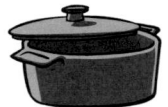

željezni lonac

de Gussiesern Putt

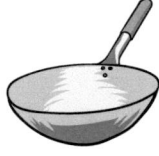

wok / kadai

de Wok / Kadai

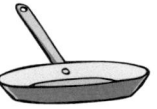

tava

de Pann

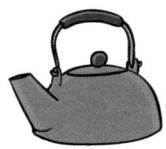

kuhalo za vodu

de Waterkaker

kuhalo na paru

de Dampkaakputt

lim za pečenje

dat Backblick

posuđe

dat Geschirr

čaša

de Beker

zdjela

de Schaal

štapići za jelo

de Eetsticken

kutljača

de Suppenkell

lopatica

de Pannenwenner

pjenjača

de Sneebessen

sito za kuhanje

dat Kaakseef

sito

dat Seef

ribež

de Riev

mužar

de Mörser

roštilj

de Grill

ognjište

de Füerstell

daska

dat Sniedbrett

oklagija

dat Nudelholt

vadičep

de Proppentrecker

konzerva

de Doos

otvarač konzervi

de Dosenaapner

krpa za lonac

de Pottlappen

sudoper

dat Waschbecken

četka

de Böst

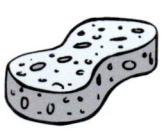

spužva

de Swamm

mikser

de Mixer

zamrzivač

dat Iesschapp

bočica za bebe

de Nuckelbuddel

slavina za vodu

de Waterhahn

kupaonica
de Baadstuuv

tuš
de Bruus
grijanje
de Heizung
ručnik
dat Handdook
zavjesa za tuš
de Bruusvörhang
pjenušava kupka
dat Schuumbad
kada
de Baadwann
čaša
dat Glas
perilica za rublje
de Waschmaschien
slavina za vodu
de Waterhahn
pločice
de Fliesen
dječja kahlica
de lütte Putt
sudoper
dat Waschbecken

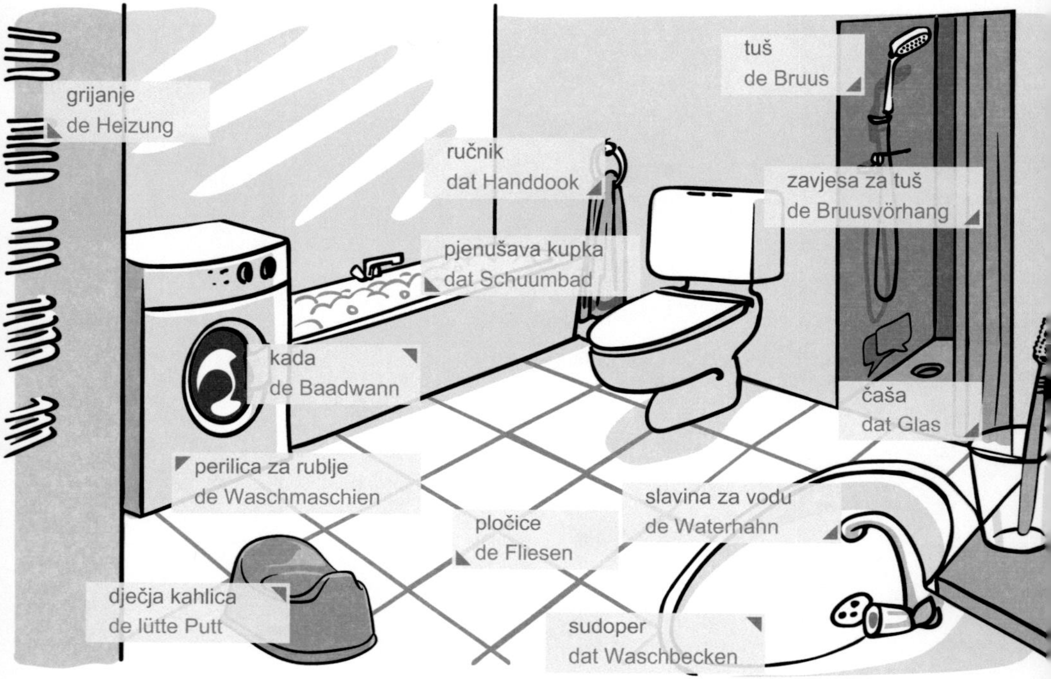

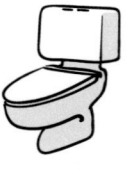

toalet

de Tante Meier

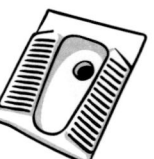

čučavac

de Hockklo

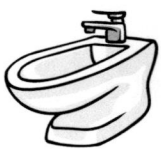

bidet

dat Bidet

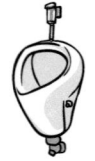

pisoar

dat Miegbecken

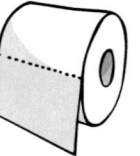

papir za toalet

dat Klopapeer

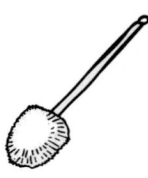

četka za toalet

de Kloböst

četkica za zube

de Tähnböst

pasta za zube

de Tähnpast

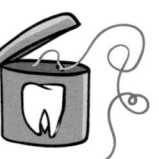

konac za zube

de Tähnsied

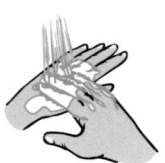

prati

waschen

tuš ručica

de Handbruus

tuš za pranje intimnih dijelova

de Intimbruus

lavor

de Waschschöttel

četka za pranje leđa

de Rüchböst

sapun

de Seep

gel za tuširanje

dat Bruusgeel

šampon

dat Hoorwaschmiddel

krpa za pranje

de Waschlappen

odvod

de Afloop

krema

de Creme

dezodorans

dat Deodorant

ogledalo

de Spegel

kozmetičko ogledalo

de Kosmetikspegel

brijač

de Raserer

pjena za brijanje

de Raseerschuum

losion za poslije brijanja

dat Raseerwater

češalj

de Kamm

četka

de Böst

sušilo za kosu

de Hoordröger

sprej za kosu

dat Hoorspray

makeup

de Smink

ruž za usne

de Lippensticken

lak za nokte

de Nagellack

vata

de Watt

škare za nokte

de Nagelscheer

parfem

dat Rüükwater

neseser

de Kulturbüdel

stolica

de Schemel

vaga

de Waag

ogrtač

de Baadmantel

rukavice za čišćenje

de Gummihanschen

tampon

de Tampon

uložak

de Damenbinn

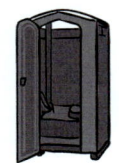

kemijski toalet

dat Chemieklo

dječija soba
de Kinnerstuuv

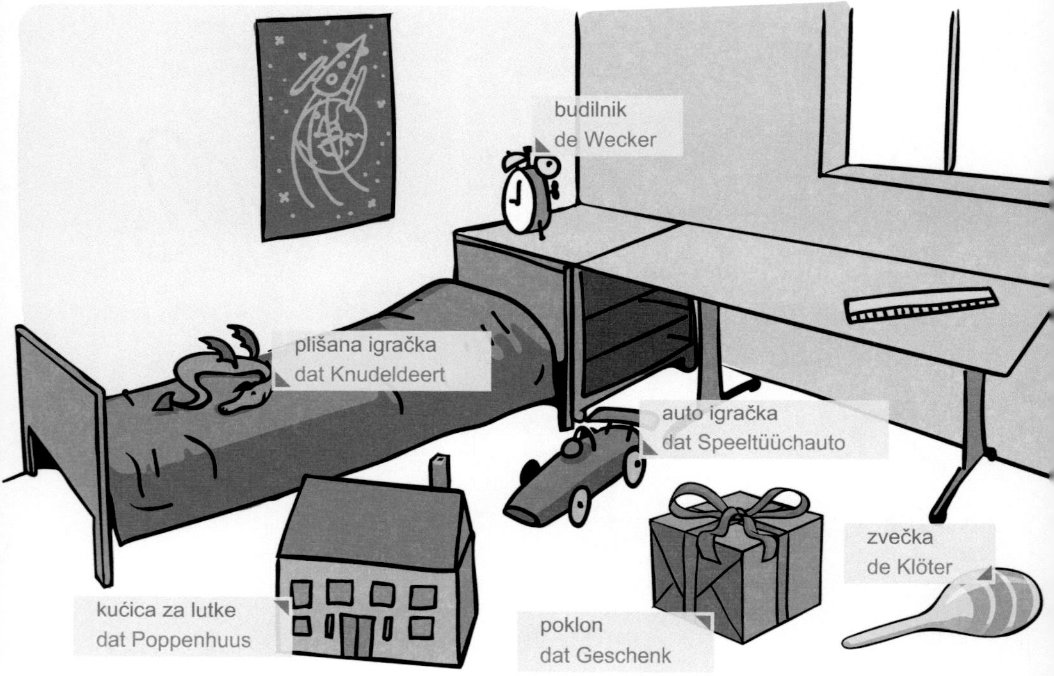
budilnik
de Wecker
plišana igračka
dat Knudeldeert
auto igračka
dat Speeltüüchauto
zvečka
de Klöter
kućica za lutke
dat Poppenhuus
poklon
dat Geschenk

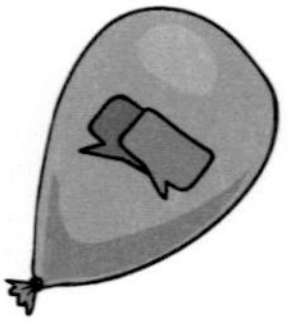

balon

de Luftballon

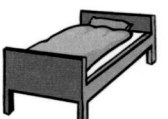

krevet

de Puuch

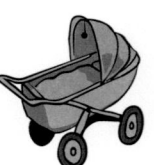

dječija kolica

de Kinnerwagen

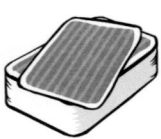

igra s kartama

dat Koortenspeel

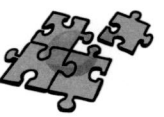

slagalica

dat Puzzle

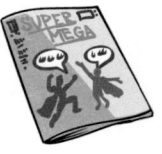

strip

de Billergeschicht

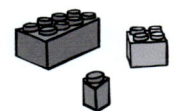

lego kockice

de Legostenen

kockice za slaganje

de Bustenen

akcioni junak

de Action-Figur

kombinezon za bebe

de Strampelantog

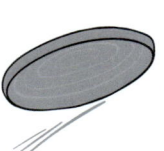

frizbi

de Frisbeeschiev

viseće igračke

dat Mobile

društvene igre

dat Brettspeel

kocka

de Wörpel

minijaturna željeznica

de Modelliesenbahn

duda

de Snuller

tulum

de Party

slikovnica

dat Billerbook

lopta

de Ball

lutka

de Popp

igrati

spelen

pješčanik
de Sandkassen

ljuljačka
de Schuckel

igračka
dat Speeltüüch

konzola za igre
de Speelkonsool

tricikl
dat Dreerad

plišani medo
de Teddyboor

ormar
dat Klederschapp

odjeća
dat Tüüch

kratke čarape
de Socken

čarape
de Strümp

hulahopke
de Strumpbüx

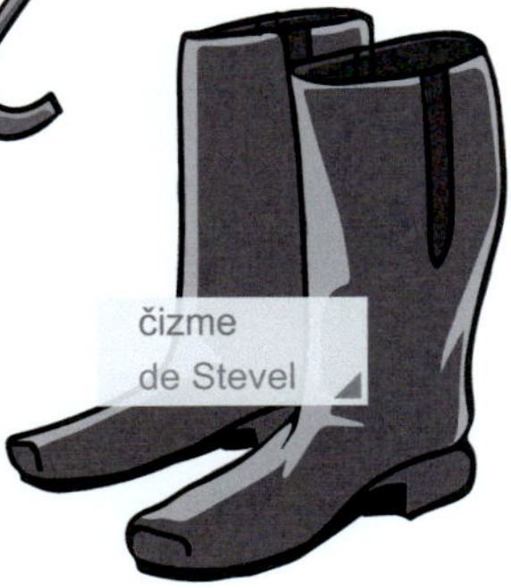

šal
dat Halsdook

kaiš
de Liefreem

kišobran
de Paraplü

t-shirt
dat T-Shirt

čizme
de Stevel

papuče
de Puuschen

patike
de Turnschoh

sandale

de Sandalen

cipele

de Schoh

gumene čizme

de Gummistevel

gaćice

de Ünnerbüx

grudnjak

de Bostholler

potkošulja

dat Ünnerhemd

odjeća - dat Tüüch

45

bodi

de Lief

hlače

de Büx

džins

de Jeansnüx

haljina

de Rock

bluza

de Bluus

košulja

dat Hemd

džemper

de Pullover

pulover s kapuljačom

de Kapuzenpullover

blejzer

de Blazer

jakna

de Jack

kaput

de Mantel

kabanica

de Övertrecker

kostim

dat Kostüm

haljina

dat Kleed

vjenčanica

dat Hochtietskleed

odijelo

de Antog

spavaćica

dat Nachtkleed

pidžama

de Slaapantog

sari

de Sari

rubac

dat Koppdook

turban

de Turban

burka

de Burka

kaftan

de Kaftan

abaja

de Abaya

kupaći kostim

de Baadantog

kupaće gaćice

de Baadbüx

kratke hlače

de Korte Büx

odjeća za trening

de Antog to'n Öven

pregača

de Schört

rukavice

de Handschoh

gumb

de Knopp

naočale

de Brill

narukvica

dat Armband

ogrlica

de Halskeed

prsten

de Ring

naušnica

de Ohrbummel

kapa

de Mütz

vješalica

de Klederbögel

šešir

de Hoot

kravata

de Binner

patent zatvarač

de Rietslüter

kaciga

de Helm

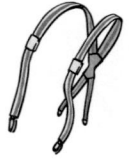

naramenice

dat Drachtband

školska uniforma

de Schooluniform

uniforma

de Uniform

podbradak
....
de Severböten

duda
....
de Snuller

pelena
....
de Winnel

ured

dat Büro

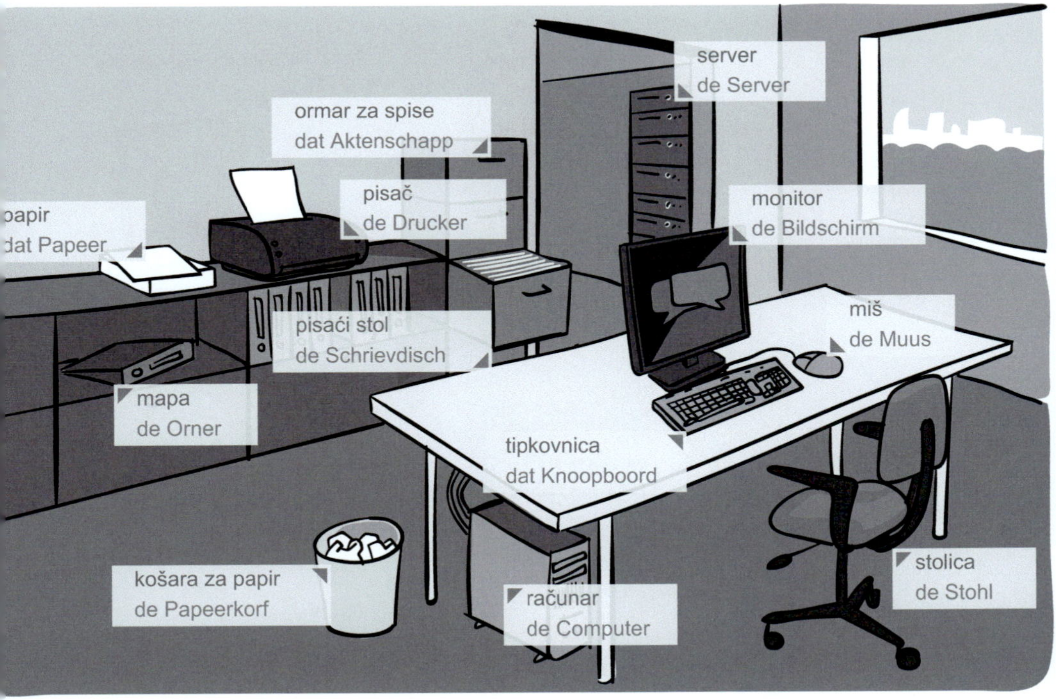

server
de Server

ormar za spise
dat Aktenschapp

pisač
de Drucker

monitor
de Bildschirm

papir
dat Papeer

pisaći stol
de Schrievdisch

miš
de Muus

mapa
de Orner

tipkovnica
dat Knoopboord

košara za papir
de Papeerkorf

računar
de Computer

stolica
de Stohl

šalica za kavu
....
de Koffiebeker

kalkulator
....
de Taschenreekner

internet
....
dat Internet

laptop

de Klappreekner

pismo

de Breef

poruka

de Naricht

mobilni telefon

de Ackersnacker

mreža

dat Nettwark

uređaj za kopiranje

de Kopeerapparat

softver

de Software

telefon

de Klöönkassen

utičnica

de Steekdoos

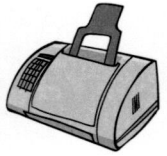

faks

de Faxapparat

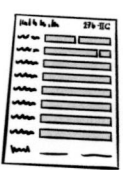

obrazac

dat Formulor

dokument

dat Dokument

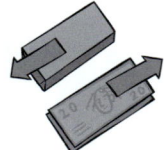

kupovati

köpen

platiti

betahlen

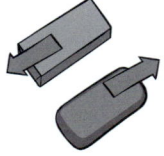

trgovati

hanneln

novac

dat Geld

dolar

de Dollar

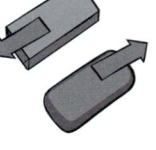

euro

de Euro

jen

de Yen

rubalj

de Ruvel

švicarski franak

de Swiezer Franken

renmindbi yuan

de Renminbi Yuan

rupija

de Rupie

automat za novac

de Geldautomat

mjenjačnica

de Wesselstuuv

zlato

dat Gold

srebro

dat Sülver

nafta

dat Ööl

energija

de Energie

cijena

de Pries

ugovor

de Verdrag

porez

de Stüer

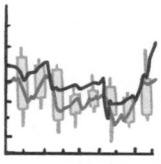

dionica

de Andeelschien

raditi

arbeiden

službenik

de Anstellte

poslodavac

de Arbeitgever

tvornica

de Fabrik

prodavaonica

de Hökerie

zanimanja
de Profeschonen

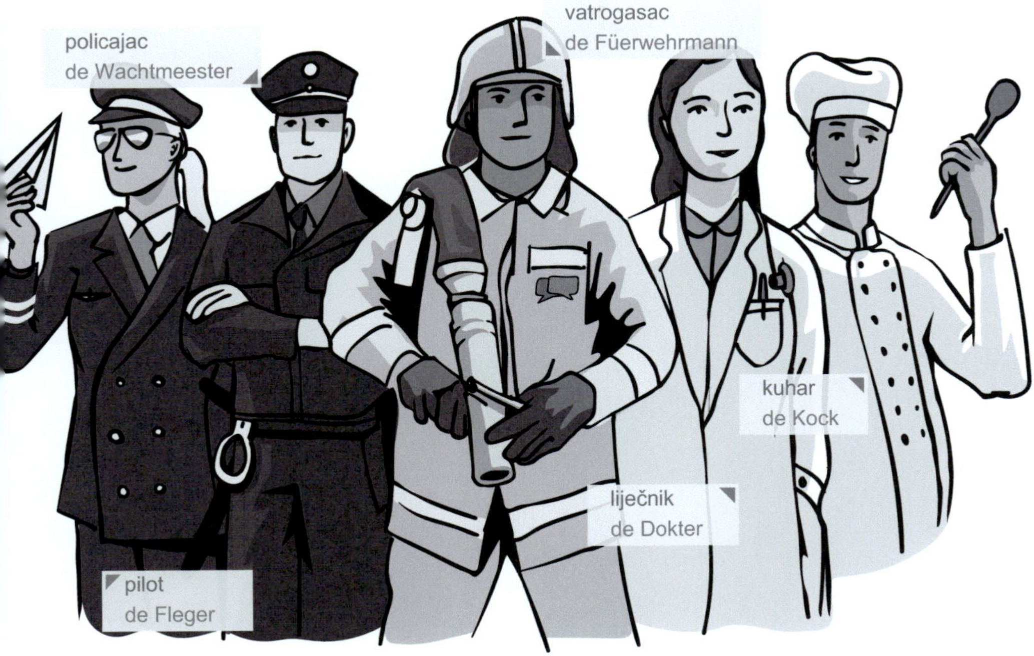

policajac
de Wachtmeester
vatrogasac
de Füerwehrmann
kuhar
de Kock
liječnik
de Dokter
pilot
de Fleger

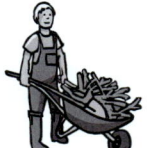

vrtlar

de Goorner

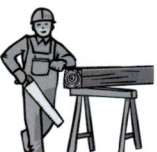

stolar

de Discher

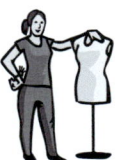

krojačica

de Neihersche

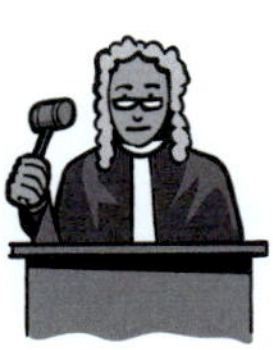

sudija

de Richter

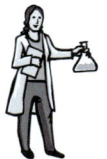

kemičar

de Chemiker

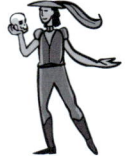

glumac

de Schauspeler

vozač autobusa

de Busfohrer

vozač taksija

de Taxifohrer

ribar

de Fischer

čistačica

de Reinmaakfru

krovopokrivač

de Dackdecker

konobar

de Kellner

lovac

de Jäger

slikar

de Maler

pekar

de Bäcker

električar

de Elektriker

građevinski radnik

de Buarbeider

inženjer

de Ingenieur

mesar

de Slachter

limar

de Klempner

poštar

de Postbüdel

vojnik

de Suldat

arhitekta

de Architekt

blagajnik

de Kasserer

cvjećar

de Florist

frizer

de Putzbüdel

kondukter

de Schaffner

mehaničar

de Mechaniker

kapetan

de Kaptein

zubar

de Tähndokter

znanstvenik

de Wetenschopler

rabi

de Rabbi

imam

de Imam

monah

de Mönk

svećenik

de Paap

alati
dat Warktüüch

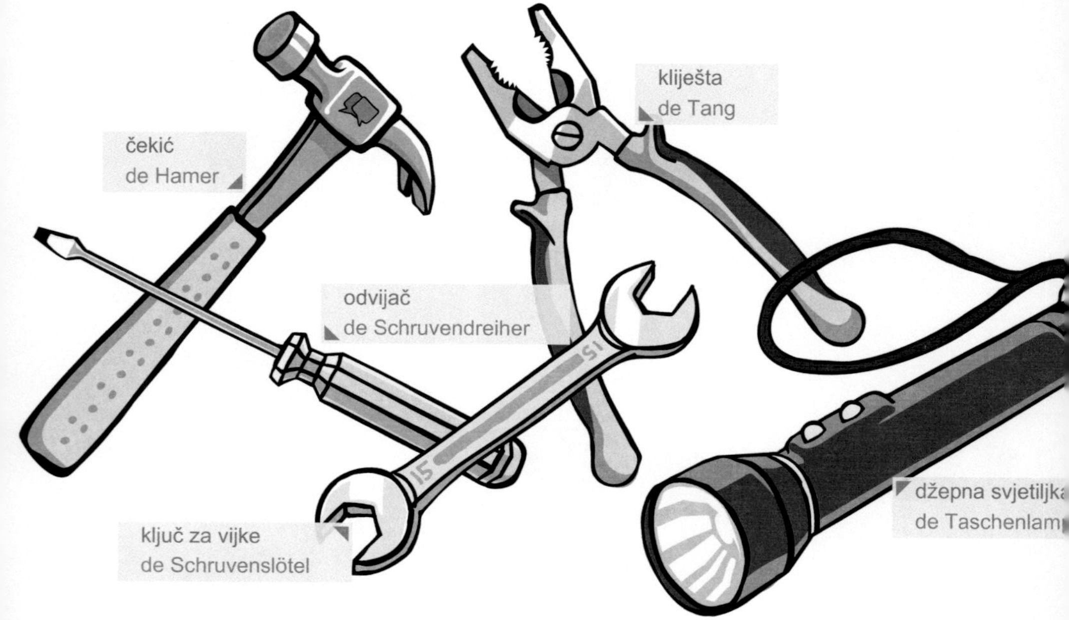
čekić
de Hamer
kliješta
de Tang
odvijač
de Schruvendreiher
ključ za vijke
de Schruvenslötel
džepna svjetiljk
de Taschenlam

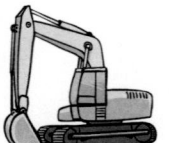

rovokopač

de Grieper

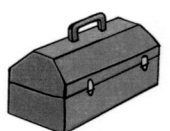

kutija za alat

de Warktüüchkassen

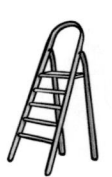

ljestve

de Ledder

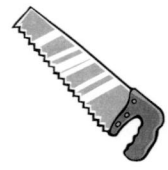

pila

de Saag

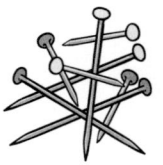

ekser

de Nagels

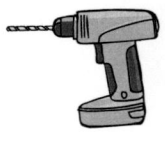

bušilica

de Bohrer

popraviti

heelmaken

lopata

de Schüffel

Sranje!

Schiet!

lopatica

dat Kehrblick

lonac za boju

de Farvpott

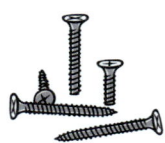

vijci

de Schruven

glazbeni instrument
de Musikinstrumenten

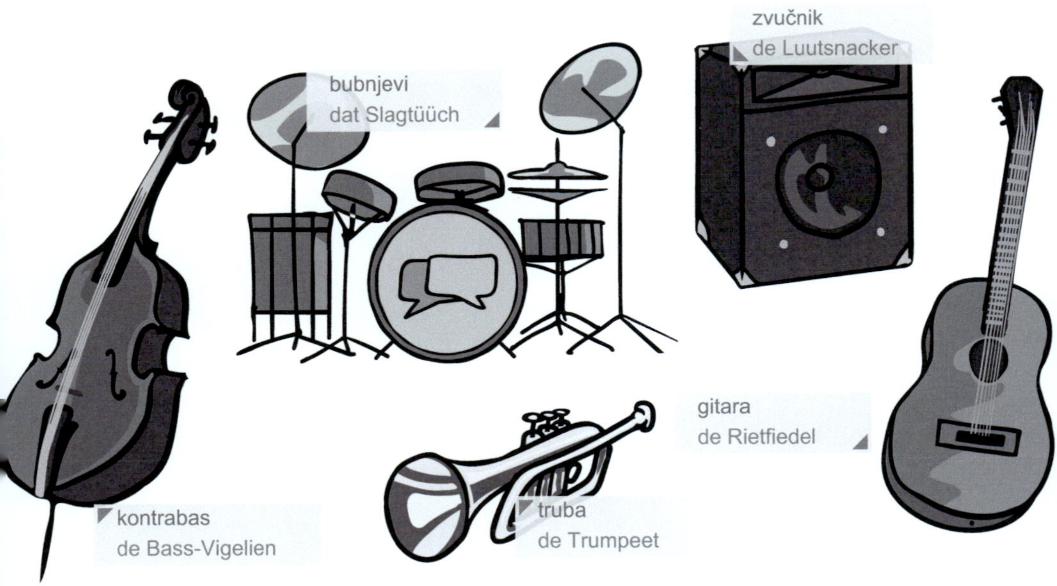

zvučnik
de Luutsnacker

bubnjevi
dat Slagtüüch

gitara
de Rietfiedel

kontrabas
de Bass-Vigelien

truba
de Trumpeet

klavir

dat Klaveer

violina

de Vigelien

bas

de Bass

timpani

de Pauk

udaraljke za bubnjeve

de Trummeln

keyboard

dat Keyboard

saksofon

dat Saxophon

flauta

de Fleut

mikrofon

dat Mikrofoon

zoološki vrt
de Deertenpark

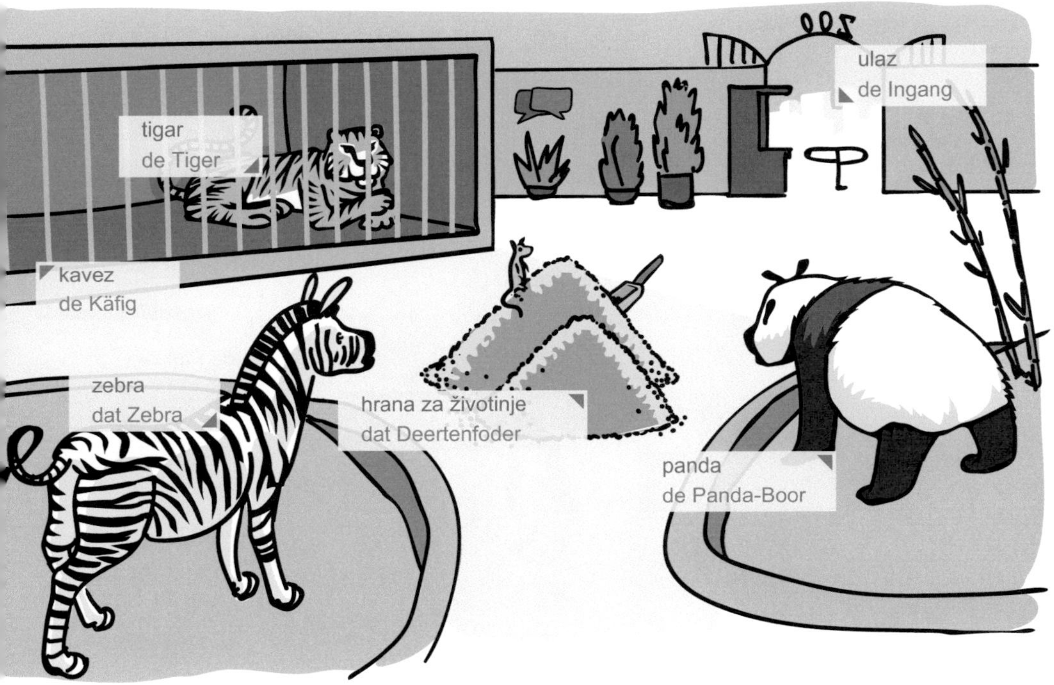
tigar
de Tiger
ulaz
de Ingang
kavez
de Käfig
zebra
dat Zebra
hrana za životinje
dat Deertenfoder
panda
de Panda-Boor

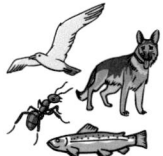

životinje

de Deerten

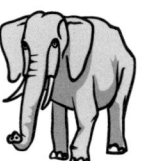

slon

de Elefant

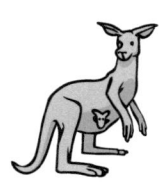

kengur

dat Känguru

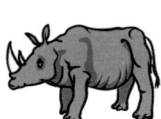

nosorog

dat Neeshoorn

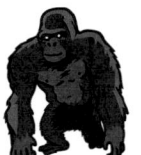

gorila

de Gorilla

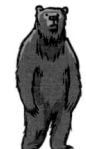

medvjed

de Boor

kamila

dat Kameel

noj

de Struuß

lav

de Lööv

majmun

de Aap

flamingo

de Flamingo

papagaj

de Papagoi

polarni medvjed

de Iesboor

pingvin

de Pinguin

ajkula

de Haifisch

paun

de Pageluun

zmija

de Slang

krokodil

dat Krokodil

čuvar u zoološkom vrtu

de Oppasser in'n
Deertenpark

tuljan

de Saalhund

jaguar

de Jaguor

poni

dat Pony

leopard

de Leopard

nilski konj

dat Nilpeerd

žirafa

de Giraff

orao

de Aadler

divlja svinja

dat Wildswien

riba

de Fisch

kornjača

de Schildkrööt

morž

dat Walross

lisica

de Voss

gazela

de Gazell

americčki nogomet
de Amerikaansch Football

biciklizam
dat Radfohren

tenis
dat Tennis

košarka
de Korfball

plivanje
dat Swümmen

boks
dat Boxen

hockey na ledu
dat Ieshockey

nogomet

de Football

badminton

dat Fedderball

atletika

de Leichtathletik

rukomet

de Handball

skijanje

dat Skilopen

polo

dat Polo

skočiti
springen

zagrliti
ümarmen

smijati se
lachen

ići
gahn

pjevati
singen

sanjati
drömen

moliti se
beden

poljubiti
snuteln

pisati
schrieven

crtati
teken

pokazati
wiesen

gurati
drücken

dati
geven

uzeti
nehmen

imati

hebben

činiti

doon

biti

sien

stojati

stahn

trčati

lopen

povlačiti

trecken

baciti

smieten

padati

fallen

ležati

liggen

čekati

töven

nositi

dregen

sjediti

sitten

oblačiti

antrecken

spavati

slapen

probuditi se

opwaken

gledati

ankieken

plakati

wenen

milovati

eien

češljati

kämmen

govoriti

snacken

razumjeti

verstahn

pitati

fragen

slušati

hören

piti

drinken

jesti

eten

pospremiti

oprümen

voljeti

leefhebben

kuhati

kaken

voziti

fohren

letjeti

flegen

aktivnosti - de Aktivitäten

ploviti

segeln

računati

reken

čitati

lesen

učiti

lehren

raditi

arbeiden

vjenčati se

de Plünnen tohoopsmieten

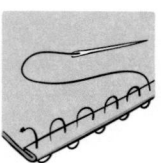

šiti

neihen

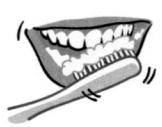

prati zube

Tähnen putzen

ubiti

dootmaken

pušiti

smöken

poslati

schicken

obitelj
de Familje

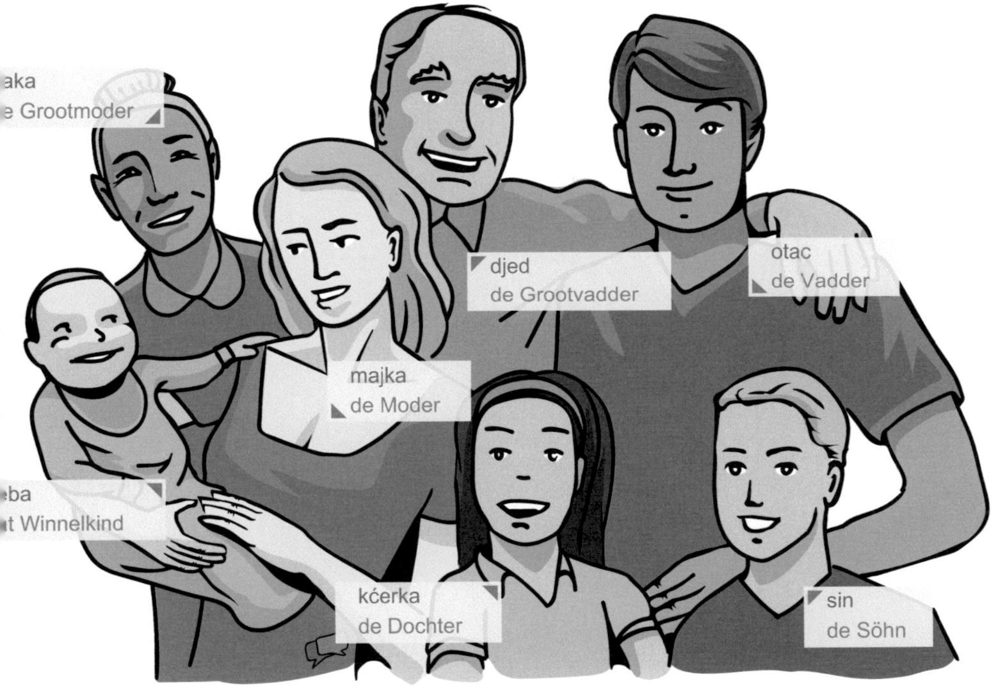
aka
e Grootmoder
djed
de Grootvadder
otac
de Vadder
majka
de Moder
ba
t Winnelkind
kćerka
de Dochter
sin
de Söhn

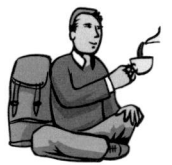

gost

de Gast

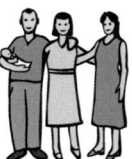

tetka

de Tant

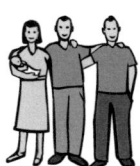

ujak, stric

de Unkel

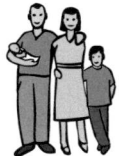

brat

de Broder

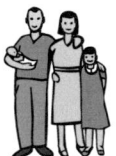

sestra

de Süster

tijelo

de Lief

čelo
de Vörkopp
oko
dat Oog
rame
de Schuller
prst
de Finger
lice
dat Gesicht
brada
dat Kinn
ruka
de Hand
grudi
de Bost
noga
dat Been
ruka
de Arm

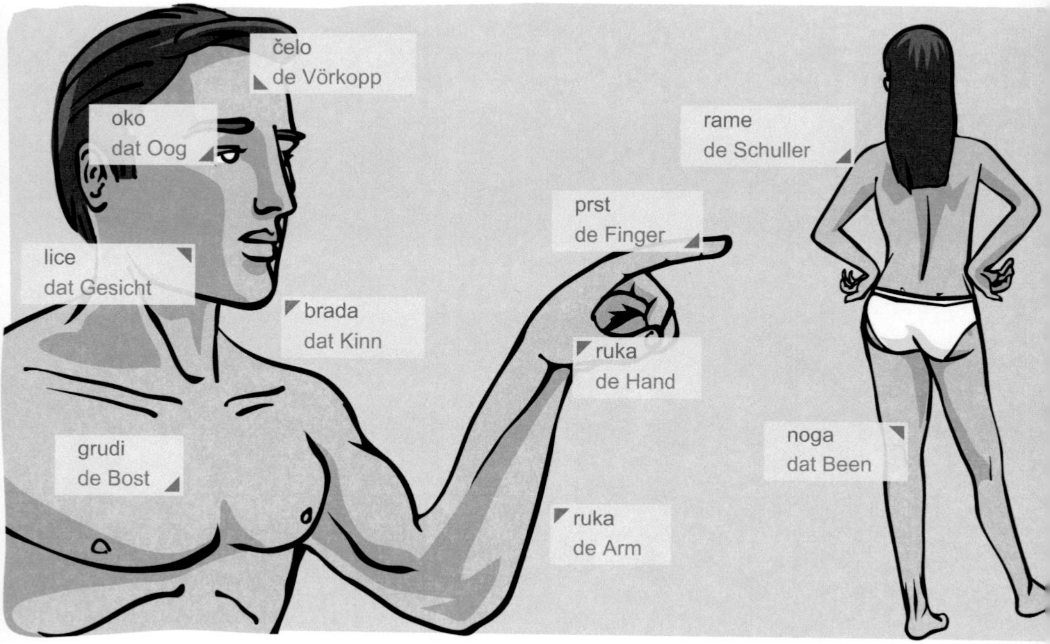

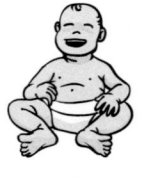

beba

dat Winnelkind

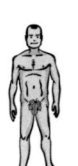

muškarac

de Mann

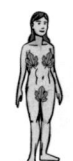

žena

de Fro

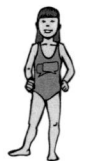

djevojčica

de Deern

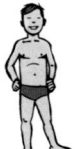

dječak

de Jung

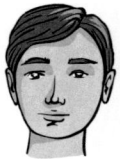

glava

de Arm

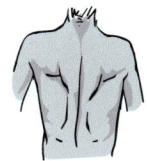

leđa

de Rüch

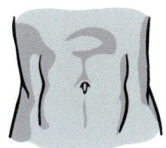

trbuh

de Buuk

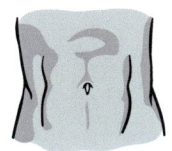

pupak

de Navel

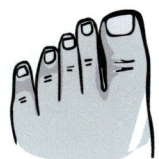

nožni prst

de Teh

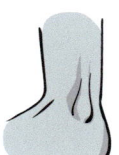

peta

de Hack

kost

de Knaken

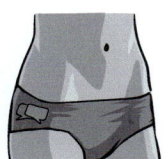

kuk

de Hüft

koljeno

dat Knee

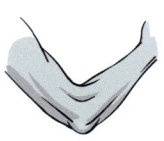

lakat

de Ellbagen

nos

de Nees

stražnjica

de Achtersen

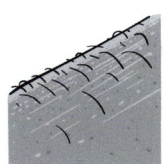

koža

de Huut

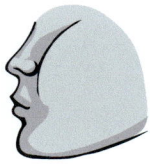

obraz

de Back

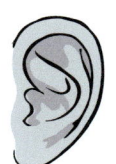

uho

dat Ohr

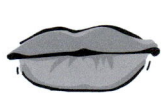

usna

de Lipp

usta

de Mund

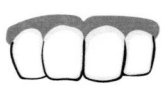

zub

de Tähn

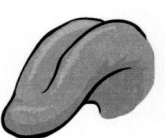

jezik

de Tung

mozak

de Bregen

srce

dat Hart

mišić

de Muskel

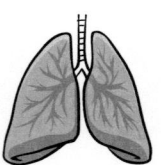

pluća

de Lung

jetra

de Lever

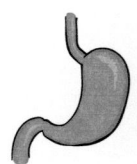

želudac

de Maag

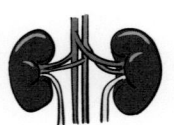

bubrezi

de Neren

snošaj

de Bislaap

kondom

dat Kondoom

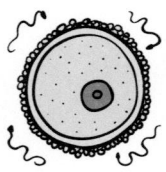

jajna stanica

de Eizell

sperma

dat Sperma

trudnoća

de Anner Ümstänn

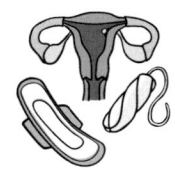

menstruacija

de Menstruatschoon

vagina

de Scheed

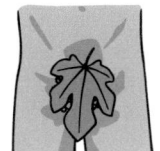

penis

de Pint

obrva

de Ogenbroe

kosa

dat Hoor

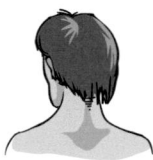

vrat

de Hals

bolnica
dat Krankenhuus

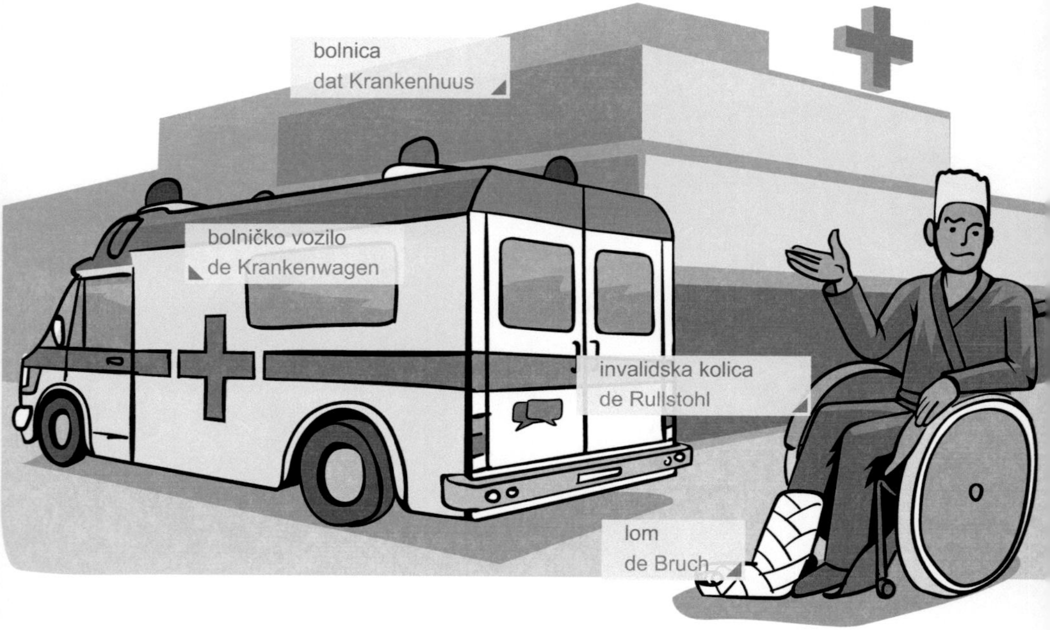

bolnica
dat Krankenhuus
bolničko vozilo
de Krankenwagen
invalidska kolica
de Rullstohl
lom
de Bruch

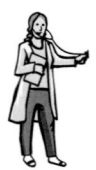

liječnik

de Dokter

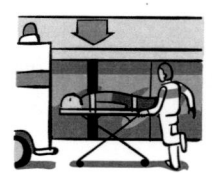

hitna medicinska služba

de Nootopnahm

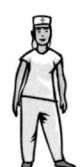

medicinska sestra

de Krankensüster

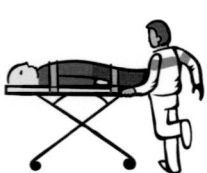

hitni slučaj

de Nootfall

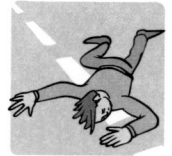

nesvijest

ahnmächtig

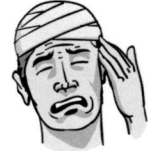

bol

de Wehdaag

ozljeda

de Verwunnen

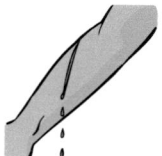

krvarenje

de Blöden

srćani infarkt

de Hartinfarkt

moždani udar

de Slaganfall

alergija

de Allergie

kašalj

de Hoosten

groznica

dat Fever

gripa

de Gripp

proljev

de Dörchfall

glavobolja

de Koppwehdaag

rak

de Kreeft

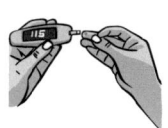

dijabetes

de Zuckersüük

kirurg

de Chirurg

skalpel

dat Chirurgsch Mess

operacija

de Operatschoon

bolnica - dat Krankenhuus   73

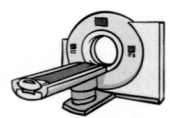

ct

dat CT

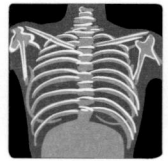

rentgen

de Dörchlüchten

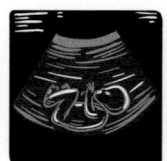

ultrazvuk

de Ultraschall

maska

de Mask

bolest

de Krankheit

čekaonica

de Töövruum

štaka

de Krück

flaster

dat Plaaster

zavoj

de Verband

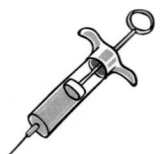

injekcija

de Insprütten

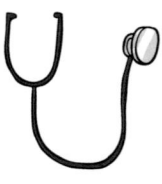

stetoskop

dat Stethoskop

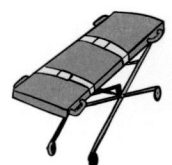

nosilo

de Draag

termometar

dat Feverthermometer

rođenje

de Geboort

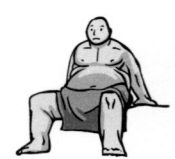

prekomjerna težina

dat Övergewicht

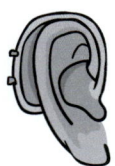

slušni aparat

de Höörapparat

sredstvo za dezinfekciju

dat Kiemfriemiddel

infekcija

de Ansteken

virus

de Virus

hiv / sida

dat HIV / AIDS

medicina

dat Heelmiddel

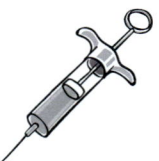

vakcinacija

de Impen

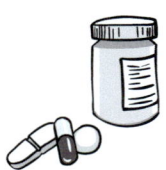

tablete

de Tabletten

pilula

de Pill

poziv u pomoć

de Nootroop

uređaj za mjerenje tlaka

de Blootdruck-Meter

bolesno / zdravo

krank / gesund

pomoć!

Hölp!

alarm

de Alarm

nasrtaj

de Överfall

napad

de Angreep

opasnost

de Gefohr

izlaz za nuždu

de Nootutgang

požar!

dat Füer!

vatrogasni aparat

de Füerlöscher

nezgoda

de Unfall

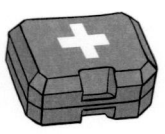

kofer prve pomoći

de Noothölpkoffer

sos

SOS

policija

de Polizei

Europa

Europa

sjeverna amerika

Noordamerika

južna amerika

Süüdamerika

Afrika

Afrika

Azija

Asien

Australija

Australien

Atlantik

de Atlantik

Pacifik

de Pazifik

ocean

dat Indisch Weltmeer

antarktički ocean

dat Antarktisch Weltmeer

arktički ocean

dat Arktisch Weltmeer

sjeverni pol

de Noordpol

južni pol

de Süüdpol

Antarktik

de Antarktis

zemlja

de Eerd

zemlja

dat Land

more

de See

otok

dat Eiland

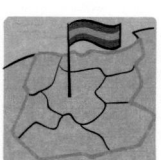

nacija

de Natschoon

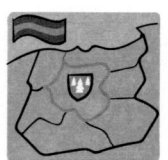

država

de Staat

brojčanik sata

dat Tallenblatt

satna kazaljka

de Stunnenwieser

minutna kazaljka

de Minutenwieser

sekundna kazaljka

de Sekunnenwieser

Koliko je sati?

Wo laat is dat?

dan

de Dag

vrijeme

de Tiet

sada

nu

digitalni sat

de digetaalsch Klock

minuta

de Minuut

sat

de Stunn

tjedan
de Week

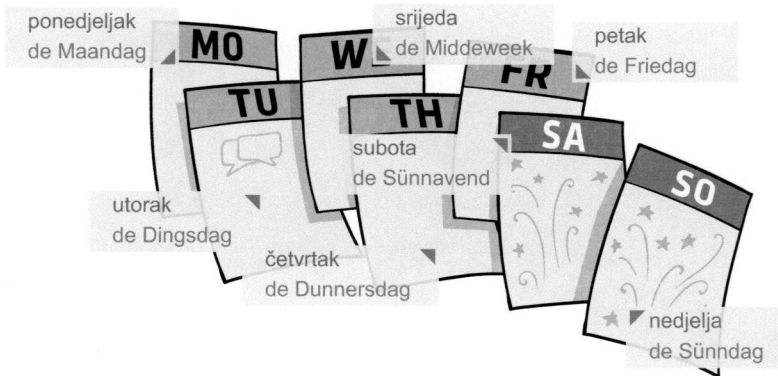

ponedjeljak
de Maandag

srijeda
de Middeweek

petak
de Friedag

utorak
de Dingsdag

subota
de Sünnavend

četvrtak
de Dunnersdag

nedjelja
de Sünndag

jučer

güstern

danas

hüüt

sutra

morgen

jutro

de Morgen

podne

de Meddag

večer

de Avend

radni dani

de Arbeitsdaag

vikend

dat Wekenenn

kiša
de Regen

duga
de Regenbagen

snijeg
de Snee

vjetar
de Wind

proljeće
dat Fröhjohr

jesen
de Harvst

ljeto
de Sommer

zima
de Winter

4.APRIL	11°	☀
5.APRIL	4°	
6.APRIL	13°	
7.APRIL	8°	☀
8.APRIL	10°	☀

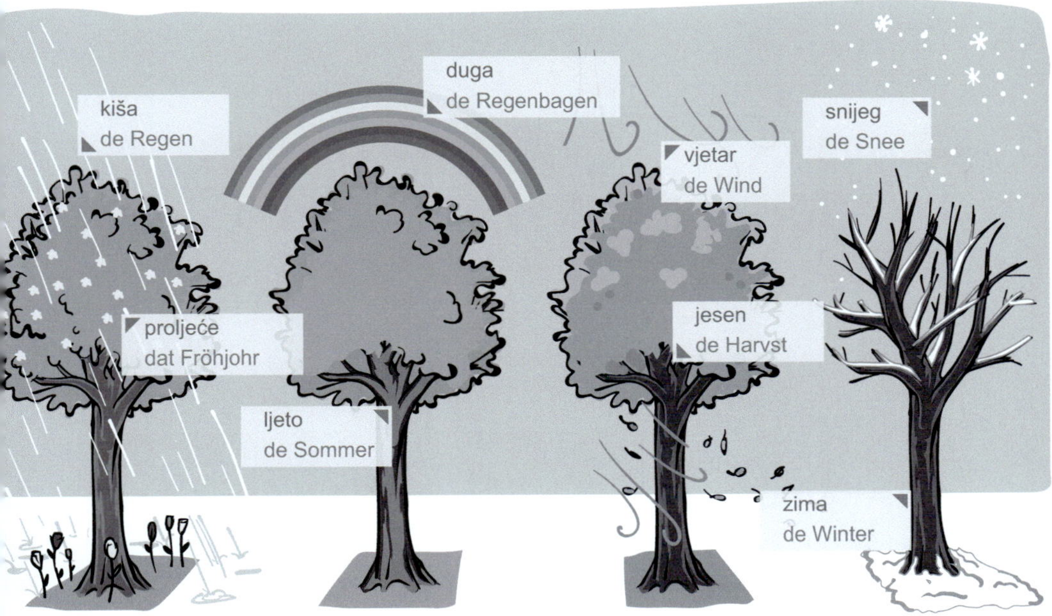

meteorološka prognoza

de Wedervörhersaag

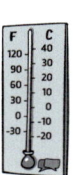

termometar

dat Thermometer

sunčana svjetlost

de Sünnenschien

oblak

de Wulk

magla

de Nevel

vlažnost zraka

de Luftfuchtigkeit

munja

de Blitz

grmljavina

de Dunner

oluja

de Storm

tuča

de Hagel

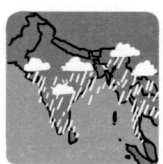

monsun

de Monsun

poplava

de Floot

led

dat Ies

siječanj

de Januormaand

veljača

de Februormaand

ožujak

de Martmaand

travanj

de Aprilmaand

svibanj

de Maimaand

lipanj

de Junimaand

srpanj

de Julimaand

kolovoz

de Augustmaand

rujan

de Septembermaand

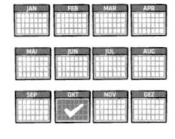

listopad

de Oktobermaand

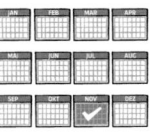

studeni

de Novembermaand

prosinac

de Dezembermaand

oblici
de Formen

krug

de Krink

kvadrat

dat Quadrat

pravokutnik

dat Rechteck

trokut

dat Dreeeck

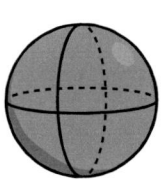

kugla

de Kugel

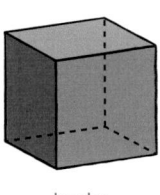

kocka

de Wörpel

bijela

witt

žuta

geel

narančasta

orangsch

ružičasta

pink

crvena

root

ljubičasta

lila

plava

blau

zelena

grőőn

smeđa

bruun

siva

gries

crna

swart

mnogo / malo

veel / wenig

ljutito / mirno

böös / verdreeglich

lijepo / ružno

smuck / mies

početak / kraj

de Begünn / dat Enn

veliko / maleno

groot / lütt

svijetlo / tamno

hell / düüster

brat / sestra

de Broder / de Süster

čisto / prljavo

schier / schietig

potpuno / nepotpuno

kumpleet / nich kumpleet

dan / noć

de Dag / de Nacht

mrtvo / živo

doot / lebennig

široko / usko

breet / small

jestivo / nejestivo

geneetbor / nich geneetbor

zlo / dobro

böös / fründlich

uzbuđeno / dosadno

fickerig / langwielt

debelo / mršavo

dick / dünn

na početku / na kraju

toeerst / toletzt

prijatelj / neprijatelj

de Fründ / de Fiend

puno / prazno

vull / leddig

tvrdo / mekano

hart / week

teško / lagano

swoor / licht

glad / žeđ

de Smacht / de Döst

bolesno / zdravo

krank / gesund

ilegalno / legalno

nich na't Recht / na't Recht

pametno / glupo

klook / dummerhaftig

lijevo / desno

linkerhand / rechterhand

blizu / daleko

neeg / feern

novo / rabljeno

nieg / bruukt

ništa / nešto

nix / wat

staro / mlado

oolt / jung

uključeno / isključeno

an / ut

otvoreno / zatvoreno

apen / slaten

tiho / glasno

lies / luut

bogato / siromašno

riek / arm

točno / pogrešno

richtig / verkehrt

hrapavo / glatko

ruug / glatt

tužno / sretno

trurig / glücklich

kratko / dugo

kort / lang

polako / brzo

suutje / flink

mokro / suho

natt / dröög

toplo / hladno

warm / köhl

rat / mir

de Krieg / de Freden

0
nula
null

1
jedan
een

2
dva
twee

3
tri
dree

4
četiri
veer

5
pet
fief

6
šest
söss

7
sedam
söven

8
osam
acht

9
devet
negen

10
deset
teihn

11
jedanaest
ölven

12	**13**	**14**
dvanaest	trinaest	četrnaest
twölf	dörteihn	veerteihn

15	**16**	**17**
petnaest	šestnaest	sedamnaest
föffteihn	sössteihn	söventeihn

18	**19**	**20**
osamnaest	devetnaest	dvadeset
achtteihn	negenteihn	twintig

100	**1.000**	**1.000.000**
stotinu	tisuću	milijun
hunnert	dusend	million

engleski

dat Engelsch

američko engleski

dat Amerikaansch Engelsch

kinesko mandarinski

dat Chineesch Mandarin

hindi

dat Hindi

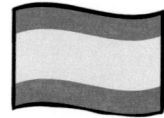

španjolski

dat Spaansch

francuski

dat Franzöösch

arapski

dat Araabsch

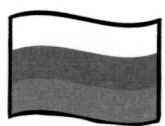

ruski

dat Rusch

portugalski

dat Portugiesch

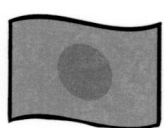

bengalski

dat Bengaalsch

njemački

dat Düütsch

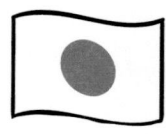

japanski

dat Japaansch

ja
ik

ti
du

on / ona / ono
he / se / dat

mi
wi

vi
ji

oni
se

tko?
keen?

što?
wat?

kako?
woans?

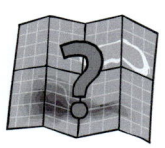

gdje?
woneem?

kada?
wannehr?

ime
de Naam

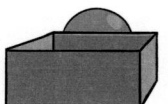

iza

achter

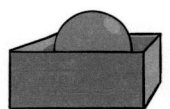

u

in

ispred

vör

preko

över

na

op

ispod

ünner

pored

blangen

između

twüschen

mjesto

de Oort